LA SAINTE MESSE

Ou Sont representés par les Actions du Prêtre Les Misteres de la Passion de Notre Seigneur Jesus Christ, Auec les Oraisons appliqué A Chacun Mistere.

Ouurage tres Utile aux fideles pour assiter deuotement a ce Saint Sacrifice.

A PARIS

Chez GABRIELLE LANDRY, ruë St Jacques a limage St Landry.

ADUIS
Pour entendre
deuotement la S.te Messe

NE venons point a la messe par vne
espece de bienseance, par coutume, ou
par aucun respect humain: venons-y
pour satisfaire a nôtre deuoir, et pro-
fiter de la grace que Iesus-Christ
nous fait de vouloir estre en personne dans ce sacrifice adorable: pour
cela il faut chasser de notre cœur tout
ce qu'il peut y auoir de profane,
pour faire place a un abaissement
interieur, et a une sainte et chretien-
ne humilité; Iesus-Christ a institué
le sacrifice de la S.te messe pour y
estre adoré par les hommes, po.r
attirer Continuellement de leur re-
connoissance un culte qui n'est deub
qu'à luy seul, et pour les obliger par
sa diuine et sacrée presence a le re-
mercier incessâment d'estre descendu
du Ciel pour estre leur sauueur et
redempteur; souuenons nous donc qu'il
est en corps, en sang, et en ame dans
la S.te Eucharistie, et que c'est le même fils de Dieu qui a souffert la
mort sur le Caluaire pour nos pechez: prosternons-nous deuant luy,

et soyons d'une modestie proportion-
née a sa grandeur et a nôtre Néant.
Songeons que c'est dans ce Sacrement
ineffable, que JESUS Christ, veut estre
adoré avec plus de soumission et
plus de foy, estant le mistere ou sont
recueillis tous les autres qu'il a operé
sur la terre, et le chef-d'œuvre de
sa toute puissance aussi bien que le
miracle de son Amour. il se donne
a nous pour nous servir de nourri-
ture spirituelle, et comme d'un Anti=
dote celeste, qui nous preserve de nos
pechés mortels et nous purifie des ve=
niels, pourveu que de nôtre costé
nous l'adorions non du bout des leu-
res, mais en esprit, et du profond
du cœur, non seulement par nostre
exterieur, mais encore davantage
par notre interieur, et que nous assis-
tions a la S.te messe, pour nous donner parreillement a luy, et que par un
acte de Contrition parfaite, nous nous
rendions dignes de recevoir de luy
les graces qui nous son necessaires.

A Paris chez Pierre Landry, rüe S.t Jacques
a S.t Landry.

PRIERE.

Je vous rends graces, doux Jesus, qui à l'approche de vôtre Passion commençates à vous effrayer, à sentir de l'ennui & à entrer dans une tristesse mortelle, representant aussi en vôtre personne la foiblesse naturelle de ceux qui doivent être vos enfans et vos membres; afin de les consoler & les fortifier par cet état de douleur, lors qu'ils seroient dans quelque crainte, ou dãs l'attente de la mort: Defendez-moy Seigneur en consideratiõ de cette peine que vous avez voulu porter, de la mauvaise tristesse, et de la fausse et vaine joye: Faites que toutes les peines, et toutes les afflictiõs que j'ay eües jusqu'icy ou que je ressentiray à l'avenir, ayent pour objet la gloire de vôtre saint nom, ou la remission de mes pechez: detournez de moy toute sorte de decouragemt de tristesse excessive et de lâcheté de cœur: Soyez ma force et mon soutien.

Quand le Prêtre vient à l'Autel.

1

PRIERE

JE vous rends graces, doux Jesus, qui vous étant retiré au Jardin des Oliviers avec vos Apostres, aprés leur avoir témoigné que vôtre ame étoit triste jusqu'à la mort, fistes une longue oraison à vôtre Pere, et vous remistes entierement à sa disposition, disant que sa volonté fût faite, et non la vostre: Faites que j'aye recours à vous par la priere en tous mes besoins, et que je m'abandône à vôtre providence, sans regarder ma propre volonté, ny aucun de mes interéts; que je ne füe jamais les maux et les traverses de cette vie, que leur consideration ne soit jamais assez forte pour me détourner de faire quelque bien; mais que je reçoive toutes chosé avec un esprit soûmis et tranquille, côme venant de vôtre main, et que je les supporte toutes courageusément pour l'amour de vous.

Au commencement de la Meſſe.

1.

PRIERE.

JE vous rends graces, douox Jesus, qui prosterné contre terre, fûtes reduit à une agonie mortelle, qui par une Sueur inoüie, fit sortir de vos veines une telle abondance de Sang, que la terre en fut trempeé: faites que mon cœur saisi d'une horreur veritable du peché, et percé d'une douleur amere des offences que j'ay commises, s'attendriße sur mes miseres, que le souvenir de ces ruisseaux de Sang que vous avez versé pour nettoyer mon ame de ses soüillures, excite en moy des larmes de penitence et de componction.

C'est ce don de larmes que je vous conjure en toute humilité de m'accorder: O divin Sauveur amoliße la dureté de mon cœur: afin que pleurant nuit et jour, je puisse enfin reßentir les effets de votre misericorde.

Au Confiteor.

4.   3

PRIERE.

JE vous rends graces, doux Jesus, qui par une bonté toute divine souffrites que Judas vous baisât, et reçûtes ce traitre, avec une douceur qui fait le juste étonnement des Anges et des hommes, le qualifiant du nom d'amy, lors même qu'il accomplissoit par un baiser, la perfidie la plus noire qui fût jamais; Faites que le souvenir de la chûte déplorable de cet Apôtre devenu Apostat, me fasse être sur mes gardes et conservé en moy une crainte continuelle de tomber: que l'horreur de son crime, m'empesche de vous être infidel, et que le désir d'imiter vôtre conduite me porte à donner à mes plus mortels ennemis des temoignages sinceres d'une amitie chrétienne. O mon bon Jesus c'est pour vôtre amour que je pardonne à tous ceux qui m'ont offencé, que je les cheris, et les embrasserois tous trés volontiers à vôtre exemple.

Jesus-Christ trahi par un Baiser.

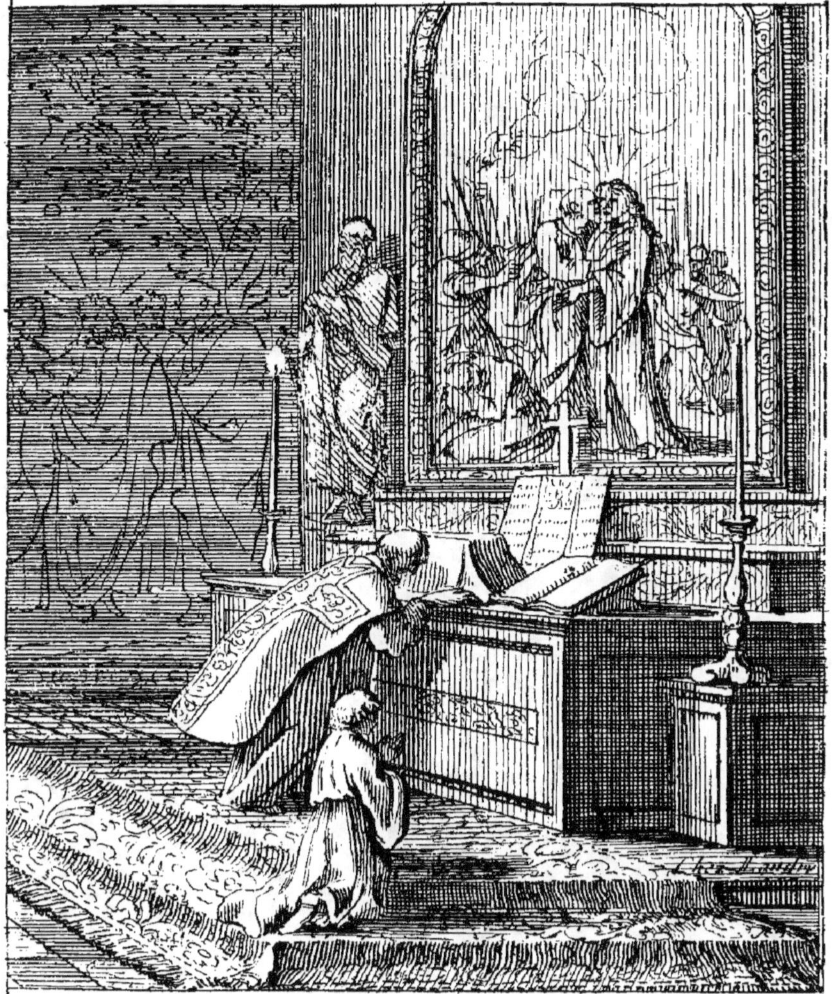

Quand le Prêtre baise l'Autel.

8 - 4

4

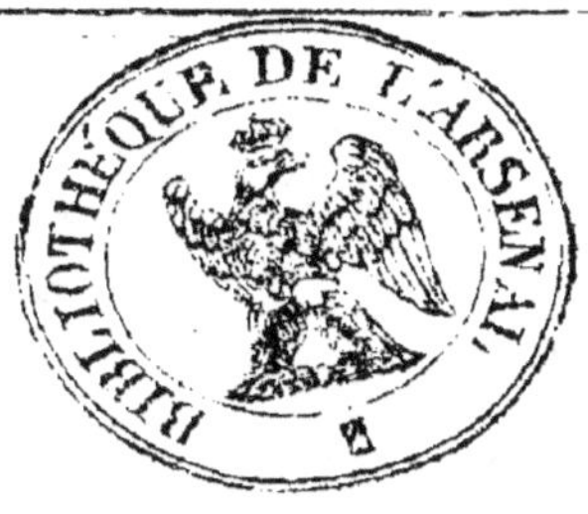

PRIERE

Je vous rends graces, doux Iesus, qui dans cette cruelle nuit fûtes exposé pour moy au mépris et à la risée de vos ennemis, qui fûtes outragé de soufflets et de coups de poing, et qui souffrites pour moy sans vous plaindre, tant de blasphémes et tant d'injures: Vous sçavez, Seigneur, combien il m'est fâcheux de supporter même les moindres choses: Vous sçavez que je n'ay point de vertu, que ma volonté est lâche, et que mes meilleurs desirs sont pleins de froideur. Seigneur secourez miséricordieusement ma foiblesse, et donnez-moy vôtre grace, afin que nul effort des adversitez de la terre ne m'épouvante, ny ne m'abatte: Faites que les maux qui me pourrôt survenir ne m'otent pas le courage et que les offences ne me troublent point, mais que recevant tout avec action de graces, je rapporte tout à la gloire de vôtre saint nom.

JESUS-CHRIST est pris &
lié.
Chez Landry
Quand le Prêtre va au côté de
l'Epitre.
10.

PRIERE.

JE vous rends graces, doux Jesus, Roy du ciel et de la terre, qu'étant devant ce Pontife orgueilleux, comme un homme de la lie du peuple, souffrites avec une douceur inimitable un cruel soufflet qu'un de ses valets ôsa vous donner. Seigneur, arrestez tous les mouuemens d'orgeüil et de colere, mortifiez tous les reßentimens de haine et d'indignation, éteignez toutes les étincelles de vengeance qui pourroient naître dans mon cœur, afin que les offences, et les injures ne mettent pas mon esprit dans le trouble ny dans le désordre, et que les supportant doucement, je faße du bien pour l'amour de vous à tous ceux qui m'auront fait du mal.

A l'Introïte.

12.
6

6

PRIERE.

JE vous rends graces, doux Jesus, qui pendant vôtre Passion, non seulement fûtes exposé au mépris et à la risée de vos enemis, qui vous outragerent de coups de poings, de soufflets, de mil brocards et injures, que vous supportâtes amoureusemẽt pour moy sans vous plaindre et sans murmurer: mais ce qui vous fût encore plus sensible, fûtes lâchemt abandonné de vos Apôtres, et renié jusqu'à trois fois par celuy que vous aviez choisi pour être le premier d'eux tous, nonobstant les protestations qu'il avoit faites de ne vous point abandonner: je vous supplie de me donner une entiere conoissance et deffiance de moy même, de secourir misericordieusement ma foiblesse, et de m'assister toûjours de vôtre grace, afin que nul effort des adversitez de la terre ne m'épouvante ny ne m'abbate et que nulle compagnie ne m'entraisne dans le peché.

JESUS-CHRIST est renié trois fois
de Pierre chez Caïphe.

Aux Kyrie eleison.

24.   7

PRIERE.

Je vous rends graces, doux Jesus, qui par un regard amoureux touchâtes si vivemēt le cœur du Prince de vos Apôtres, que ses yeux cōmencerent aussi-tôt dépencher des larmes de penitence, qu'il continua de verser avec abondance jusqu'à la fin de ses jours: Faites moy sentir un pareil effet de vôtre misericorde, me donnant comme à St. Pierre un cœur vrayement contrit et humilié, m'excitant à pleurer ameremēt mes fautes, par la consideration de vostre bonté infinie q' j'ay, helas! si souvent, et si méchāment offencé, et conservant en moy tout le reste de ma vie cet esprit de componction, qui me faisant sentir de l'aversion de mes offences passées, me fortifie encore de telle sorte, dans le bon propos que je fais de vous être fidel, que je sois toûjours, cōme je suis disposé de m'éloigner de toutes compagnies dangereuses, de fuir les occasions de pecher, et de mourir plûtôt que de vous offencer.

Le Prêtre tourné vers les assistans
dit Dominus vobis-cum

16.

PRIERE.

JE vous rends graces, doux Jesus, qui étant presenté devant le tribunal de Pilate demeurates dans le silence à toutes les accusations, et à toutes les infames calomnies que l'on avança contre vous, comme un Agneau qui se tait, & qui ne resiste point à ceux qui le tondent: Accordez-moy cette grace mon Seigneur, de n'être point émû des médisances et des affronts, q. je les souffre sans parler, et que par ma patience je gagne ceux qui me font des injures.

Donnez-moy tant d'humilité que je n'affecte point d'être loüé, et ne craigne point d'être décrié et deshonoré pour vôtre amour.

IESUS-CHRIST est mené à Pilate
et accusé devant luy.
A l'Epitre.
18.
9
Landry.

PRIERE.

Je vous rends graces, doux Jesus, qui étant interrogé par Herode, et accusé devant luy par les Pontifes et les Prêtres d'un grand nombre de faux crimes, ne répondites pas un mot à leurs calomnies, et les surmontates tous par vôtre silence: Donnez-moy la grace, mon souverain Seig.r, de retenir ma langue; ne permettez pas que je profere jamais de mauvaises paroles, ny que je perde le temps en discours inutiles, mais au contraire que conformément à vôtre volontez je ne dise jamais rien qui ne soit juste, honneste, et pour l'utilité du prochain; que je haïsse de tout mō cœur la médisance; que je pensé, et q.' je parle bien de tout le mōde.

JESUS-CHRIST, accusé devant Herode ne repond rien.

Le Prêtre courbé au milieu de l'Autel
20. dit tout bas *Munda cor*, &c.

10

PRIERE.

Je vous rends graces, doux
Jesus, qui aprés avoir été mocqué
et traité comme un fol par Herode
et par toute sa Cour, fûtes renvo-
ié par ce Roy à Pilate, et conduit
avec une ignominie étrange par
les rües de Jerusalem, au milieu du
bruit et du tumulte, d'un grand peuple animé contre vous: Dōnez-moy
assez de force pour n'étre point ébra-
lé par les persecut.ˢ de mes ennemis,
pour ne m'irriter point de leurs injures,
et pour ne m'affliger point de leurs
mépris; faites-moy la grace de souffrir avec douceur toutes ces facheu-
ses rencontres; que je n'ouure point
ma bouche pour m'en plaindre, afin
que suivant vos saintes ordonnances,
je possede mon ame par le saint exer-
cice de la patience, et que recevāt tout
auec action de graces je rapporte tout
uniquement à la plus grande gloire
de vôtre Saint nom.

JESUS-CHRIST, est renvoyé d'Herode à Pilate.
Chez Landry
A l'Evangile.
22.

PRIERE.

Je vous rends graces, doux Jesus, qui consentites d'être dépoüillé de vos habillemens, d'exposer à la veüe des soldats vôtre chair tres-pure et tres-sacrée, d'être attaché tout nud à une colône pour y endurer une horrible flagellation, afin de guerir mes plaïes par les vôtres: Ostez de mon cœur toutes les mauvaises pensées, depoüillez moy du vieil hôme, et de ses œuvres criminelles, pour me revêtir du nouveau, qui a été créé à vôtre ressemblance, en sainteté et en justice: Donez-moy la grace de supporter patiement et humblement les coups dont il plaira à vôtre main paternelle de me châtier: Encore une grace ô mon aimable Redempteur, ne me la refusez pas s'il vous plait, Faites que je sois toûjours prest à perdre mes biens, mon honeur et ma vie même, plûtôt q' de faire aucune chose qui déplaise à vos yeux.

Quand le Prêtre decouvre le
Calice

26.

12.

PRIERE.

Je vous rends graces, doux Jesus, qui étant attaché à une colomne reçutes sur vôtre chair virginale une grêle effroiable de coups de foüets, qui firent sortir de toutes les veines de vôtre corps une abondance de sang, dont vous restâtes tout couvert, et qui souffrites amoureusement ce tourm.t si douloureux, pensāt à moy au milieu de vos douleurs, et les offrant au Pere Eternel en satisfaction des plaisirs déreglés, aux quels je me suis si souvent et si malheureusem.t abandonné; Faites que la veüe de vôtre chair tres-pure et innocente, traitée avec tant de rigueur me porte efficacement à châtier ma chair soüillée et criminelle, et que la consideration de vos plaies fasse mourir en moy tout désir de volupté, en sorte que mon plus grand soin soit de punir par une mortification continuelle les désordres où je suis tombé par le passé.

A l'oblation de l'Hostie.

28.

PRIERE.

Je vous rends graces, doux Jesus, qui aprés avoir enduré tant de coups de foüets, aprés tant de sang répandu, fûtes encore outragé par ces impies, de nouvelles railleries et de nouvelles injures, qui p.[our] vous faire plus de honte vous révétirent d'un manteau de pourpre, serrerent vôtre téste sacrée d'une courone d'épines, mirent en vôtre main un roseau au lieu d'un sceptre, et flechissant le genoux devant v. vous disoient par mocquerie; Je vous saluë Roy des Juifs. Percez mon cœur du souvenir de vos douleurs, et blessez-le des fléches aiguës de vôtre fervente charité; Faites que je n'aime que vous seul, que je ne m'occupe que de vous, que je trouve en vous mon unique repos, et mon unique asseurance; q. nulle afflictio, nulle peine, nulle persecution ne me puissent jamais séparer de vous.

JESUS-CHRIST est couroné d'épines.

Quand le Prêtre couvre le Calice apres l'avoir offert.

30.

PRIERE

Je vous rends graces, doux Jesus, qui ayant été reconnu et déclaré innocent, par le temoignage même de Pilate, permites cependant que les Juifs demandassent avec des cris furieux que l'on vous condamna à mourir sur une croix, et que ce méchant juge trahissant sa propre conscience lava ses mains devant le peuple, comme pour se laver du crime qu'il avoit dessein de commettre. Rendez moy par vôtre misericorde infinie l'innocence que vous m'aviez donnée au Sacrement de Baptesme et que j'ay perdu helas par mes pechez. faites que l'ayant recouverte par votre bonté, je ne la perde jamais plus par ma malice, et surtout que je ne sois jamais si lâche, que de faire chose aucune au prejudice de ma conscience, par crainte, conplaisance, ou respect humain, mais que je sois ferme et courageux dans la pratique du bien jusqu'à la mort.

JESUS-CHRIST est déclaré innocent
par Pilate qui en laue ses mains
Quand le prêtre laue ses mains
32.
15.

Je vous rends grace, doux Jesus, qui étant reuêtu par dé-
rision, d'un vieil manteau de pour-
pre, ayant le visage tout defiguré,
liuide, meurtri de coups, tout souï-
llé de crachats, égratigné d'épines, marqué de soufflets, chargé
de sang portâ sur votre tête une
couroñe d'opprobres et de douleu^{rs}
et en vôtre main un sceptre de roseau futes exposé par pilate a la risée
du peuple et en durâtes ces affronts et
ces opprobres auec joié po.^r expiatiõ
de ma superbe: Accordez moy la grac^e
de mourir entier.m.^t a la vanité, ane-
antissez en mon coeur toutes les in-
clinatiõ^s de l'honñeur et de l'éstime du
monde; faites que je ^{ne} desire jamais de
paroître deuant les hommes, ou déstr
en réputatiõ de capacité, de fainteté de
saience ou de merite, mais que je
mette ma gloire a souffrir toute
sorte de mépris pour votre amour.

JESUS-CHRIST paroist couvert d'un lambeau de pourpre.
Quand le prêtre tourné vers le peuple dit orate fratres.
36.
16.

Je vous rends graces, doux Jesus, qui
nonobstant vôtre grande Justice, innocence et sainteté de vie, fûtes condamné à la mort ignominieuse de la
Croix que vous embrassâtes joïe-
usement, receuant auec soumißiõ
cet arrêt, comme venant de vôtre
Pere eternel, qui l'ordonnoit ainsi
pour mon salut et pour celuy de tou.
les hommes : faites ô mon sauueur,
qu'à vôtre exemple je me resigne entierement a la volonté adorable de
votre Pere pour la vie et pour la
mort, que j'accepte des a pres.^{nt} po^{ur}
le temps, le lieu et la maniere qu'illuy
plaira en disposer: confeßant que
je l'ay bien merité par mes pechez,
la receuant en chatiment, et voulan'
par elle et par le sacrifice de ma
vie faire à vôtre diuinité une aman-
de honorable po.^r toutes les fautes q^e
j'ay cõmises penda.^{nt} ma misérable
vie

JESUS-CHRIST est condamné
a mourir en Croix
A la Preface
38.
17.

PRIERE

Je vous rends graces, doux Jesus,
qui n'étant pas rassasié de tant d'ou-
trages et de tourmens soufferts à
mon sujet, voulûtes bien encore sur
vos espaules déja si fatiguées, porter jusqu'au haut de la montagne
du calvaire la Croix à laquelle
vous deviez être attaché pour ex-
piation de mes pechez et de ceux
de tout le monde; Accordez moy
la grace d'embrasser courageuse-
m.nt toutes les croix qu'il plaira à v.tre
providence de m'envoier; Et puis que
vo.s m'invitez à venir a prés vous, à
renoncer à moy-même, et à porter
ma croix, donnez-moy la force d'accomplir ce que vous me comandez,
et faites qu'imita.nt par amour l'exemple des vertus que vous avez prati-
quées penda.nt le cours de vôtre passio̅,
je deviene digne de vous suivre fi-
dellemé.nt come je le desir jusqu'à la mor.t

Quand le Prêtre joignant les mains
42. prie pour les fidelles viuants 18.

PRIERE

Je vous rends grace, doux
Jesus, qui faisant ce chemin
funeste qui vous conduisoit
à la Croix, vous retournâte
si charitablement vers les
femmes qui vous suivoient,
et qui pleuroient vôtre mort,
pour leur dire qu'elles jet-
tassent des larmes pour ellé
et pour leurs enfans : Donné
moy des larmes de pitié, de
compassion et d'un veritable
amour, qui fondent la dureté
de mon cœur, et le rendent a-
greable à vos yeux : accordé
moy qu'étant embrazé de vôtre
pur amour, toutes choses me
degoutent hormis vous, que je
vous ayme seul, que vous fassié
seul ma joie et mon repos dans
tous les siecles des siecles. ainsi

Quand le Prêtre couure lhostie et
le Calice de ses mains   19.
46.

PRIERE.

Je vous rends graces, doux Jesus,
qui avez bien voulu être cruellement
étendu sur le bois, qui avez souffert que toutes les jointures de vos
membres fussent disloquées, et qu'ils
fussent attachez à la Croix avec des
rudes cloux : faites, Seigneur, que
d'un esprit fidelle & reconnoissant
je conserve à jamais le souvenir
de cette charité vraiment excessive,
avec laquelle vous donnâtes vos
mains et étendites les bras pour
être clouez, & vos pieds pour ê-
tre percez : étendez, dilatez la charité dans mon cœur, clouez et bles-
sez mes sens avec les cloux de vôtre parfait amour, arrêttez et ren-
fermez en vous seul toutes mes
pensées et tous mes désirs.

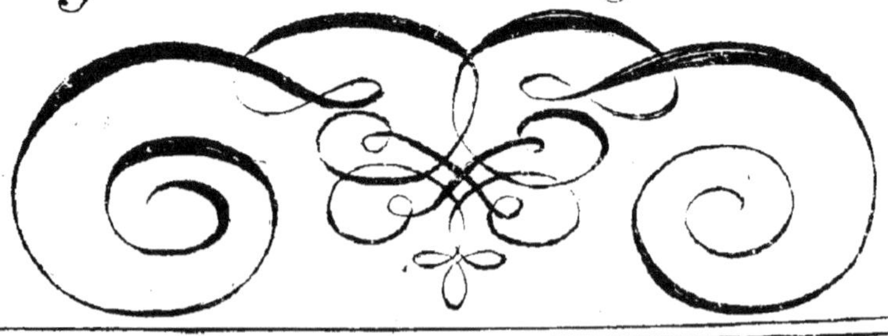

Quand le prêtre fait des signes de Croix sur l'hostie et sur le Calice

PRIERE

Je Vous rends graces, doux Jesus, qui soûffrites que vôtre corps, attaché avec des gros clous
sur le bois de la Croix, fut élevé
de la terre; & qui restant lespace
de trois heures suspendu a ce po-
teau aussi douloureux qu'il étoit
infame, ressentites des peines incon-
cevables en tous vos membres, q.
v.s offrites à vôtre Pere, afin de
satisfaire à sa justice que j'avois
offensé: Je vous adore ô mon
Dieu, sur ce gibet, avec d'auta.nt plus
de respet que vo.s y estes humilié
à mon Sujet, et je vous supplie
d'accomplir en moy vôtre parole,
en m'attira.nt à vo.s de telle sorte qu'é
ta.nt detaché de toutes affectio.s pour
les choses d'icy bas, je ne pense plus
qu'à vo.s que je ne m'occupe que de
vo.s je n'ayme que vous, ô mon a-
mour et mon tout, et trouve en vo.s
seul mon repos et mon asseurance
penda.nt le temps et pendant l'éternité

A l'éléuation de l'hostie

50.

PRIERE

Je vous rends graces, doux Jesus, qui étant crucifié versâtes jusqu'à la derniere goutte de vôtre sang, faisant de cette liqueur precieuse un bain salutaire à mon ame pour la laver de ses soüilleures et la guerir de la lepre hideuse de son péché: Apliquez-moy la vertu de ce sang adorable qui donne le salut et la vie. O mon-tres misericordieux Seigneur, ayez agreable la priere que je vous fais de me purifier et sanctifier, par l'onction de ce baume sacré qui coule de vos plaies: Aiez la bonté de l'offrir à vôtre Pere celeste comme le remede unique de mes maux, faites que mon cœur par un ardent amour merite de boire, et ma langue de receüill:les gouttes precieuses de ce sang divin, et qu'en suçant cette liqueur je goûte combien vôtre esprit est doux, et combien ce breuuage est delicieux.

A l'élévation du Calice.

52.

22.

PRIERE

Je vous rends graces, doux Jesus,
qui fûtes si bon, qu'au plus fort de
vos douleurs sur la Croix, vous
pensâtes à procurer la grace à vos
ennemis et deveintes l'auocat de ceux
qui vous faisoient mourir, priates
pour eux disant: Mon pere pardonnez leur
parce qu'ils ne sçauent ce qu'ils font. Donnez
moy la grace d'une veritable patience et d'une parfaite douceur, afin qu'à
vôtre exemple, et suiuant vôtre saint
commandement, j'ayme mes ennemis,
que je fasse du bien à ceux qui m'ont
fait du mal, que je vous offre humblement des prieres pour eux, et que
je leur pardonne de tout mon cœur.

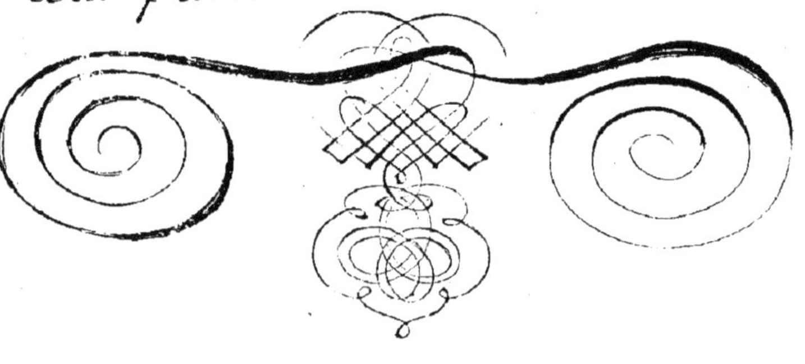

JESUS-CHRIST, prie son Pere pour
ses ennemis
chez Landry
Quand le Prêtre prie pour les fidelles
trépassez, disant Memento.
56.
23

PRIERE

Je vous rends graces, doux Jesus,
qui souffrites auec tant de douceur les
reproches d'un des larrons qui blaſ-
phemoit contre vous, et qui promites
auec tant de bonté votre Paradis a l'autre qui reconnut son crime et publia vôtre innocence : Que je serois heureux si
je pouuois meriter d'être regardé de
vous auec ces yeux que vous jetâtes
sur ce bon Laron, et quélle joye si
vous excitez en mon cœur une contrition de mes fautes si parfaite, qu'elle vo. porte a m'en octroier le pardon,
et m'accorder la grace de paſſer le
reste de ma vie dans une telle innocence que je puisse entendre a l'heure
de ma mort, ces douces paroles dont
vous consolâtes ce pecheur penitent :
Vous serez aujourdhuy auec moy dans le Paradis.

JESUS-CHRIST, promet le Paradis
au bon Laron.

Cher Landry

A Nobis quoque Peccatoribus

58.   24

PRIERE.

Je Vous rends graces, doux Jesus, qui voyant du haut de la Croix vôtre chere Mere dans les larmes et dans l'amertume, touché jusqu'au cœur de ses douleurs, la recommandâtes à saint Jean, et en même temps la donnâtes pour mere à ce bien-aymé Diciple: Donnez-moy la grace d'aymer cette sainte Vierge tres-ardemment, afin que l'honorant comme ma mere, elle ayt la bonté de m'avoüer et de me traiter comme un de ses enfans: Donnez la moy pour ma protectrisce et pour mon refuge en toutes mes necessitez, et faites que comme j'ay dessein de l'honorer tous les jours de ma vie, et d'imiter ses vertus autant qu'il me sera possible et de recourir a elle en tous mes besoins; elle me soit favorable sur tout a l'heure de ma mort. Ainsi soit il.

JESUS-CHRIST donne à sa Mere
Saint Jean pour fils

Au Pater Noster.
60.
25

Je vous rends graces, doux Jesus, qui permites a la mort d'approcher de vous, baissant vôtre teste, et qui recommandant vôtre ame à vôtre Pere, luy permites de se séparer de vôtre chair, par ou vous nous auez bien fait voir, que vous étiez ce bon Pasteur qui donne sa vie pour ses brebis. Donnez moy la grace de mourir au peché, et à tous mes mauuais desirs, que je ne respire que vous, que je ne viue que pour vous, et qu'acheuant la course de cette vie mortelle dans vôtre saint amour, j'entre aussi-tôt auec vous, qui estes le vray Paradis de nos ames.

Quand le Prêtre rompt l'Hostie

64.   26

PRIERE

Je vous rends graces, doux Jesus,
qui decendites aux Enfers auec une
grande puissance et une grande Ma-
jesté, qui triomphâtes en ce lieu de
toutes les force du demon, qui réjoüi-
tes par vôtre presence les Peres te-
nus captifs depuis tant de siecles, et qui
les tirant de leurs tenebres, les mites dâs
les delices du ciel: Faites decendre sur
les ames de mes Peres, de mes amis de
mes bienfacteurs, et de tous les fidelles
qui sont morts, la vertu de vôtre
sang, afin qu'étant delivrées des peines de Purgatoire, elles soient receües
dans le sein de vôtre gloire, pour
joüir de ce bon-heur dans toute l'éternité.

Quand le Prêtre met dans le Calice une
partie de l'Hostie rompüe.
66.   27

PRIERE

Je vous rends graces, doux Jesus, qui pendant les trois heures que vous fûtes viuant sur la Croix, fites voir un amour si genereux pour vos bourreaux, et y souffrites auec tant de constance les tourmens horribles de la mort, que plusieurs des spectateurs touchez viuement de ses actes heroïques de vôtre vertu, retournerent contrits, frappans leurs poitrines, et confessans que vrayment vous estiez le Fils de Dieu : Rendez-moy conforme à vous dans les souffrances, faites qu'imitant les exemples que vous m'auez laissé, je puisse attirer les autres à vôtre connoissance. Encore une grace ô mon Dieu, je vous la demande les larmes aux yeux, imprimez en mon ame un telle regret de mes pechez que tous les jours de ma vie se passent à les pleurer, et que les regardans comme la cause de vos douleurs, je les aye en horreur jusqu'a la mort.

Quand le Prêtre frappe sa poitrine,
a la fin de l'agnus Dei

68.

PRIERE

Je vous rends graces, doux Jesus, qui
ayant été détaché de la Croix par vos
amis, avec beaucoup de larmes, fûtes
mis dans un sepulcre neuf, ne voulant
point souffrir que vôtre corps sacré,
formé dans le ventre d'une Vierge,
fût mis ailleurs que dans un lieu pur,
auquel personne n'avoit encore été.
Je vous supplie de renouveller mon
ame entierment, afin qu'elle devienne
une demeure qui vous soit agreable : Enseueliſſez avec vous tous
mes sens, toutes mes forces, toutes
mes affections, afin qu'étant uni
avec vous par un puiſſant lien d'a-
mour, je demeure comme étranger à
moy-même pour tout ce qui vous est
contraire, & que je ne reſſente et n'aime rien que vous mon unique Re-
demteur, mon unique bien, et mon unique treſor.

Quand le Prêtre Communie.

72.

29

Je Vous rends graces, doux Jesus, qui étant détaché de la Croix fûtes enseueli dans un drap blanc et embaumé precieusement par les soins charitables de Joseph d'Arimathie et de Nicodeme: Faites que je reconnoisse par les lumieres de la foy, que je reuere auec humilité, et ayme auec tendresse Vôtre corps non plus mort, mais Viuant & glorieux au Sacrement adorable de l'Autel: Donnez moy vne vraye deuotion et vne tendre affections de cœur enuers vous même, en la sainte Eucharistie, blanchissez mon ame par vôtre grace, embaumez la du parfum agreable des vertus, afin que vous receuant souuent avec les dispositions que vous demandez, je sois uni auec vous, & viue tellement de vôtre vie, que je puisse dire que je ne vis plus, mais que c'est Jesus qui vit en moy.

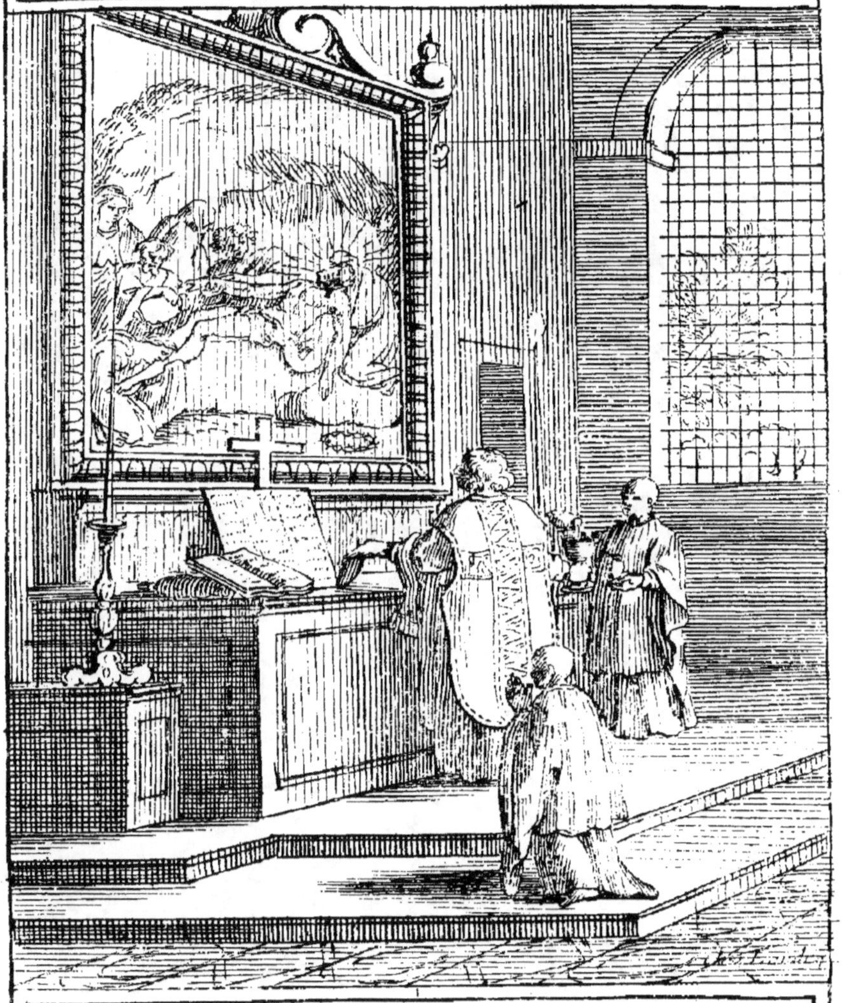

Quand le Pretre fait l'Ablution

74.

PRIERE

Je Vous rends graces, doux Jesus,
qui ayant triomphé de la mort par
Vôtre Resurrection, & ayant rendu
à vôtre corps sa premiere beauté avec
beaucoup d'avantages, sortîtes glorieu-
sement du tombeau, Vivant d'une
nouuelle vie : Faites par vôtre infinie misericorde que je sorte enfin
du tombeau de mes crimes où je
suis comme enseuely depuis tant de
temps, et qu'étant dépoüillé de mon
vieil homme, victorieux de la mort
du peché, et resuscité spirituellement
à la grace, j'entre dans une vie
nouuelle qui étant conforme à la
vôtre me porte à chercher et dé-
sirer les choses d'enhaut et à trauai-
ller uniquement pour l'eternité.

La Resurrection de JESUS-CHRIST

A la Poste Communion

PRIERE

Je Vous rends graces, doux Jesus,
qui aussi-tôt après vôtre resurrection
vous faisant voir à vôtre sainte Mere,
aux dames devotes qui venoient
vous chercher au sepulcre et en suite
à tous vos Apôtres, leurs remplites
le cœur d'une tres-grande joye par
la veüe de vôtre corps environné de
lumiere et éclatant de gloire : faites
que par les yeux d'une foy vive et
pure je vous considere icy-bas tous
jours present, et que marchant in_
cessamment en vôtre presence je fas_
se continuellement ce qui vous est
agreable, afin que quand vous vien_
drez visiblement à la fin du monde,
je paroisse devant vous avec asseu_
rance, et puisse estre appellé à la
gloire du Paradis ou j'espere de vous
voir face à face et de vous loüer
éternellement avec les Bien-heureux

JESUS-CHRIST s'apparoit a sa
Mere et a ses Disciples
Chez Landry
Le Prêtre tourné vers les assistans
dit. Dominus Vobis—cum.
78.
92

PRIERE

Je Vous rends graces, doux Jesus,
qui visitant souvent vos Apôtres et
vos Disciples pendant les Qua-
rantes jours que vous eûtes la bonté de rester sur la terre apres vôtre resurrection, les entretintes des choses
qui concernoient le Royaume de
Dieu, leur decouvrites vos plus gran-
ds misteres, et les rendites capables
de gouverner vôtre Eglise. Bonnez-
moy la grace de conserver inviolable-
ment la doctrine que vous leur avez
enseigné, et de me soûmettre parfaite-
ment à mes superieurs, de vivre côme
un vray enfant de la sainte Eglise,
dans le respect, l'amour et l'obeis-
sance que je luy dois côme a ma Mere
et de mourir plûtôt que de m'éloigner
jamais de ses sentimens

JESUS-CHRIST pendant 40. jours visite
souvent ses Disciples et ses Apôtres
Au dernieres Oraisons
80.
33

PRIERE

Je Vous rends graces, doux Jesus,
qui aprés avoir passé quarante jours,
depuis vôtre Resurrection en la presence de vos Disciples, montâtes triom-
phant dans le Ciel, où étant assis à
la main droite de vôtre Pere vous
vivez et regnez dans tous les siecles.
Accordez-moy cette grace, que mon
ame languisse continuellement de vôtre amour, que je sois toûjours dans
un parfait eloignement des choses
de la terre, que je soûpire sans
cesse pour celles du Ciel, et qu'elles fassent tant que je vivray le
principal objet de mes desirs. Qui
me donnera ce bonheur, ô mon sauueur et mon Dieu, de n'avoir nul
amour et nulle joye que pour vous
et en vous.

JESUS-CHRIST monte au Ciel
en presence de ses Disciples.

A Ite missa est.

82.

34

PRIERE

Je Vous rends graces, doux Jesus,
qui peû de jours aprés estre monté
au Ciel accomplissant vôtre promes-
se répandites abondamment vôtre esprit sur vos élûs qui estant assem-
blez dans un même lieu, unis d'esprit et de volonté perseueroient en
l'oraison, et qui les enuoiátes enseig-
ner les nations par toute l'étendüe
de la terre, Nettoiez le fond de mon
cœur, rendez ma conscience pure, et
sans souïlleure, afin que ce consolate-
ur y trouuant une agreable demeure,
il l'embelisse de ses dons, que luy seul me console, me soutienne, me con-
duisse, et me possede entierment en
ce monde et en l'autre.

JESUS-CHRIST enuoye le faint
Esprit à fes Apostres.

Le Prêtre donne la Benediction aux
Affiftans.
84.   35